"Da primeira à última conversa do dia, você está o tempo todo fazendo networking."

"Networking é a arte de construir e manter relacionamentos vantajosos. Todo mundo tem uma boa razão para participar – networking se faz em casa, no trabalho, na comunidade, em toda parte."

NETWORKING: DESENVOLVA SUA CARREIRA CRIANDO BONS RELACIONAMENTOS

24 dicas para superar a timidez e ampliar seus contatos

Diane Darling

SEXTANTE

Título original: *Networking for Career Success*

Publicado em acordo com a McGraw-Hill Companies, Inc.

tradução: Pedro Jorgensen Junior
preparo de originais: Débora Chaves
revisão: Lara Alves, Sérgio Bellinello Soares e Tereza da Rocha
projeto gráfico e capa: Cristiano Menezes
diagramação: Marcia Raed
pré-impressão: ô de casa
impressão e acabamento: Yangraf Gráfica e Editora Ltda.

CIP-BRASIL. CATALOGAÇÃO-NA-FONTE
SINDICATO NACIONAL DOS EDITORES DE LIVROS, RJ

D235n

Darling, Diane
Networking: desenvolva sua carreira criando bons relacionamentos / Diane Darling; tradução de Pedro Jorgensen Junior. – Rio de Janeiro: Sextante, 2007.
Tradução de: Newtworking for career success
ISBN 978-85-7542-285-4

1. Profissões – Desenvolvimento. 2. Redes de negócios. 3. Redes de relações sociais. I. Título.

07-0751 CDD: 650.13
CDU: 65.012.65

GMT Editores Ltda.
Rua Voluntários da Pátria, 45/1.404 – Botafogo
22270-000 – Rio de Janeiro – RJ
Tel.: (21) 2538-4100 – Fax: (21) 2286-9244
E-mail: atendimento@esextante.com.br

SUMÁRIO

A ARTE DE FAZER NETWORKING

Networking? O que é isso? E o que tem a ver comigo?

Se sua dúvida é essa, este é o livro certo para você. Em 24 lições você aprenderá o essencial sobre a arte de fazer networking, que tem dois aspectos básicos: o exterior, que engloba as técnicas e a prática, e o interior, que trata do lado espiritual e dos sentimentos que nos ligam às pessoas com quem nos relacionamos.

A idéia é mostrar que o networking proporciona relações vantajosas. Não me refiro a aprender técnicas de venda eficazes, a arranjar emprego ou dinheiro, e sim a ajudar e ser ajudado, a ter expectativas em relação aos outros e a lidar com as expectativas que eles têm de nós.

Este livro ensina também que o ideal é construir relacionamentos de forma desinteressada. Assim, ao precisar de ajuda, você poderá contar com pessoas dispostas e capazes de socorrê-lo.

Muita gente tem dificuldade de fazer networking. Aqui você encontrará sugestões de como superar a timidez e os medos e se manter estimulado para enfrentar as oportunidades que surgirem. E ainda um resumo das etapas básicas que você deve seguir ao planejar seu próprio networking.

O primeiro passo é fazer um inventário de seus contatos e

avaliá-los de modo a estabelecer prioridades e criar um método de trabalho que leve a um aumento da rede de relacionamentos.

O segundo passo é reconhecer a importância de contar com o apoio de um grupo de especialistas para ajudá-lo a desenvolver relacionamentos com mais eficiência – seja melhorando a impressão que você deixa, ampliando suas aptidões profissionais ou planejando estratégias de sucesso para sua carreira.

O terceiro passo é saber encontrar, interagir e se comunicar com as pessoas – incluindo aspectos práticos de comportamento (sim, é importante) e até kits de sobrevivência para situações envolvendo processos de networking.

Há, inclusive, uma lição que aborda desde o aperto de mão correto a como lembrar os nomes das pessoas e como comer e beber.

Mas como saber onde e quando entrar em ação? Basicamente, reconhecendo as oportunidades de encontrar as pessoas certas, da maneira certa, e, com isso, conservando e ampliando seus contatos.

Você encontrará ainda recursos valiosos sobre como lidar com estereótipos de gênero, raça, cultura, religião, política, idade, aparência e assim por diante. Por fim, há uma lição sobre ética.

Em poucos minutos, você estará fazendo networking – com o máximo de eficácia, obviamente. Mãos à obra!

"O networking estratégico nos prepara para os acasos felizes. Quanto mais nos sentirmos confiantes em nossa capacidade de encontrar pessoas, maior será a nossa predisposição para encontros casuais e para a possibilidade de convertê-los em relacionamentos vantajosos."

AS MELHORES ESTRATÉGIAS DE NETWORKING

Networking é a arte de criar e manter relacionamentos vantajosos. Simples assim.

Existem três tipos de pessoas: as que fazem as coisas acontecerem, as que assistem aos acontecimentos e as que estranham o que aconteceu. Em qual categoria você se encaixa? Se você é do tipo que faz networking, certamente está acostumado a ser o líder da sua vida e conhece quem faz o mesmo.

Seja no plano pessoal ou no profissional, você precisa dos outros para se realizar. E a recíproca é verdadeira. Conhecer pessoas e deixar que elas o conheçam é o ponto de partida para o processo.

Talvez você não se sinta confortável fazendo networking. Talvez você não goste disso. Tudo bem, muita gente se sente assim. Mas deixe-me fazer três perguntas: Você gosta de usar fio dental? *Provavelmente não.* Você usa fio dental com freqüência? *Provavelmente, pois, como você quer manter seus dentes saudáveis, é de seu interesse usá-lo.* Outra pessoa pode fazer isso por você? *Não. Você mesmo tem de fazê-lo.*

Fazer networking é como usar fio dental. Você não precisa gostar, mas tem de fazê-lo com competência porque é do seu interesse – e não há como terceirizar o serviço.

Fazer networking pressupõe atender aos seus interesses e ajudar os outros a satisfazerem os deles. Reputação e confiança são essenciais para consolidar esse tipo de relacionamento, que beneficia ambos os lados (embora nem sempre a troca seja justa).

Reputação é o conceito que os outros têm de você. Ela nasce com a primeira impressão e cresce à medida que as pessoas o conhecem melhor – se você é eficaz, se é sincero, se trabalha bem em equipe, e assim por diante. A confiabilidade é decorrente do seu comportamento: agir de maneira inconsistente ou imprevisível pode acabar com a sua reputação.

Trate, portanto, de causar a melhor primeira impressão que puder, mostre que se importa com os outros e trabalhe para construir uma boa imagem. Assim, todo mundo vai querer entrar na sua rede.

Veja as técnicas mais eficazes de fazer networking:

Procure se aproximar de quem mais vale a pena: Quem você conhece, ou precisa conhecer, que pode ajudá-lo a alcançar o que deseja? Projetos diferentes exigem que você entre em contato com pessoas diferentes.

Escolha o melhor método: Como você pode obter ajuda? O que seu contato precisa saber? A pessoa em questão prefere se comunicar por e-mail, por telefone ou por escrito?

Decida as melhores estratégias de networking: Como seus contatos podem ajudá-lo a progredir? Não se esqueça de se colocar no lugar deles quando fizer algum pedido. O que poderá motivá-los a dizer "sim"?

"Para que o trabalho de networking valha a pena, é preciso dar tanto quanto recebe."

CONFIE EM SEUS INSTINTOS

SAIBA O QUE E POR QUÊ

Ter uma rede de relacionamentos significa estar rodeado de pessoas que nos desejam sucesso, saúde e segurança, tanto na vida pessoal quanto na profissional – pessoas que estejam sempre dispostas a nos ajudar, a compartilhar idéias, a reconhecer nossos esforços e, quando apropriado, a nos desafiar a voar mais alto.

Fazer networking é construir relacionamentos antes de precisar deles. Quando surgir a necessidade, eles estarão lá, a postos, dispostos a nos ajudar.

Networking não é uma técnica de marketing ou de vendas nem tampouco um modo de conseguir emprego ou patrocínio para algum projeto.

Na verdade, é a reunião dessas atividades inter-relacionadas, que funcionam muito melhor juntas do que separadas.

O marketing é o começo de tudo – uma campanha de promoção integrada, projetada para chamar atenção. Já o networking é o que mantém o foco na conquista do objetivo, pois promove uma conexão personalizada com quem pode desejar o que você tem e também com quem toma as decisões ou que nelas desempenha um papel importante no processo de decisão.

A área de vendas, por sua vez, faz o link entre a solução e o problema. Depois que o marketing e o networking já cumpriram os seus papéis, vender fica muito mais fácil. Por isso, é tentador pular a segunda etapa e passar direto para a de vendas. Mas isso não funciona. O processo de se relacionar com as pessoas é o meio mais eficaz de ter acesso aos tomadores de decisão e àqueles que os influenciam.

Fazer networking não é se insinuar nem tentar obter coisas sem dar nada em troca. Não é assim que se desenvolvem relacionamentos em que todo mundo se sente feliz e realizado.

Existem dois tipos de networking: o estratégico e o ocasional. O modelo estratégico tem um propósito declarado e, portanto, um resultado desejado. É preciso considerar as conseqüências, caso não se consiga alcançar os resultados propostos. Já o modelo ocasional, ao contrário, produz encontros não planejados altamente satisfatórios para ambos os lados. Ou seja: sem planos nem expectativas.

O networking estratégico prepara você para o networking ocasional. Quanto mais confiança você tiver em sua capacidade de conquistar pessoas e explorar as vantagens potenciais que surgirem para ambos os lados, mais aberto estará para acontecimentos não previstos e para a possibilidade de convertê-los em relacionamentos vantajosos.

Como o tempo é curto, você precisa escolher entre investir na relação com as pessoas que já conhece e no relacionamento com as que pode vir a conhecer.

Arranje tempo para as pessoas de quem você gosta e que gostam de você: Essa é a típica situação em que a vontade de ajudar é recíproca. É o chamado relacionamento vantajoso.

Arranje tempo para as pessoas que o fazem se sentir positivo, energizado e merecedor: Elas ajudarão a sustentá-lo para que você continue a fazer networking.

Arranje tempo para as pessoas que o consideram valioso: Elas merecem sua ajuda, mesmo que não o estejam ajudando.

"Quanto mais você conhece as pessoas,
maiores são suas chances de ser bem-sucedido.
Quanto mais ajuda você aceita, maior é o seu sucesso."

FAÇA O QUE É FÁCIL

SUPERE SEUS MEDOS

Muita gente tem medo de entrar em uma sala onde há pessoas estranhas. Esse temor lhes dá motivos para ficar longe ou, pelo menos, a certa distância de estranhos. Como diz o comediante e consultor Michael Pritchard, "o medo é o quarto escuro onde as atitudes negativas se desenvolvem".

Pense nesta interessante definição da palavra medo – um falso motivo que parece real. Que motivos você tem para ficar apreensivo diante da idéia de falar com estranhos em um evento comercial ou social? Nenhum!

Apenas sorria, estenda a mão e diga: "Olá." Se você chegar à conclusão de que não há nenhum motivo para continuar conversando com essa pessoa, diga simplesmente: "Foi um prazer conhecê-lo. Espero que nossos caminhos se cruzem novamente no futuro!"

A maioria das pessoas pensa que ter uma natureza sociável e expansiva é fundamental para se relacionar facilmente com todo mundo. Mas isso não é necessariamente verdade. Uma pessoa tímida pode ser muito boa em networking. Basta ser autêntica e sinceramente interessada nos outros.

A timidez está enraizada no medo – do fracasso, do constrangimento, da rejeição, da humilhação e da vergonha. Quando pensamos em comparecer a um evento, nos sentimos "ansiosos por antecipação".

Temos de superar também nossas mensagens internas, aquela voz "crítica" que nos influencia em tudo o que fazemos. Nós podemos tornar positivas as influências negativas. Em vez de "Não quero ir porque não vou encontrar ninguém interessante", pense "Vou ficar pelo menos 15 minutos. Se não me sentir à vontade, eu saio".

Em vez de "No último evento desse tipo só encontrei concorrentes", tente pensar "Concorrentes podem me ajudar a descobrir o que está acontecendo no mercado". Em vez de "Não gosto de perder tempo com papo-furado", opte por "Vou preparar duas ou três perguntas para fazer a alguém que esteja lá e ver qual delas funciona melhor".

Para mais informações e dicas de como lidar com sua ansiedade, dê uma olhada no seguinte site:

- www.amban.org.br: ambulatório de ansiedade do Hospital das Clínicas da Universidade de São Paulo (USP); tem uma ótima seção de perguntas e respostas que esclarece todo tipo de dúvida.

Recomendo também a leitura de *Beyond Shyness: How to Conquer Social Anxieties* (Além da timidez: como vencer as ansiedades sociais), de Jonathan Berent e Amy Lemly.

Aqui vão três dicas sobre como usar a sua rede de relacionamentos:

Comece pequeno: Só para praticar, tente conversar com pessoas numa loja, no elevador ou no metrô. Não se obrigue a pedir nada, apenas faça contato e seja amistoso. Isso dá início ao processo de networking. (Gosto de colocar as pessoas em contato umas com as outras pelo simples prazer profissional e também por uma questão de gentileza, não porque "querem" alguma coisa.)

Comunique-se: Seus amigos e parceiros de negócios não têm como ler a sua mente. Eles podem estar esperando que você se manifeste porque não querem ofendê-lo oferecendo ajuda, ou simplesmente porque essa idéia não lhes passou pela cabeça. Facilite o trabalho deles – peça!

Elogie com autenticidade: Agradeça de um modo que faça a pessoa se sentir especial: "Eu sabia que você teria uma solução para mim."

"Pessoas tímidas podem ser muito boas em networking... fazer networking é uma questão de ser autêntico e sinceramente interessado nas outras pessoas."

COMECE DE FORMA EFICIENTE

A maioria das pessoas só se dedica a fazer networking quando precisa de alguma coisa – uma informação comercial, um emprego, um financiamento para expandir o negócio ou uma contribuição para a instituição social de sua preferência.

Mas não é assim que se faz networking. O processo é cíclico: comece aos poucos, dando e recebendo, depois use o próprio crescimento para expandir seus contatos à medida que for tendo sucesso. E o mais importante: inspire confiança.

Por onde começar? Muitos o aconselharão a fazer uma lista de todos os amigos, colegas de trabalho, familiares e outros contatos e começar a telefonar. O.k. Isso funciona, mas eu recomendo uma tarefa complementar: comece a falar com gente estranha.

Ao contrário do que diz o senso comum, em geral é mais fácil começar conversando com pessoas estranhas – o rapaz que leva o cachorro para passear na praça do bairro ou a balconista da farmácia da esquina. Experimente! Faça perguntas: "De que raça é o seu cachorro? Posso fazer carinho nele? Como ele se chama?" Quando terminar a conversa, agradeça e vá embora.

Aprende-se muito ao falar com estranhos pelo simples fato de que não há interesses em jogo, ou seja, ninguém está tentando obter nada. Reflita sobre as experiências realizadas. O que mais lhe agradou ao conversar com pessoas estranhas? Como evoluiu a conversa depois das primeiras perguntas? O que você descobriu a respeito dessas pessoas? O que não lhe agradou? Como você se sentiu conversando com um estranho? O que faria diferente da próxima vez?

Ao se comunicar com pessoas estranhas, você tem chance de treinar uma etapa crítica do processo de networking – o contato inicial. Quanto mais experiências você tiver, mais confiança ganhará. E, à medida que for ganhando confiança, repita o exercício com pessoas conhecidas.

Às vezes nos sentimos pouco à vontade para pedir ajuda aos mais próximos. Supomos que eles, por saberem o que fazemos e do que precisamos, oferecerão auxílio. Mas, se não deixarmos claro como eles podem nos ajudar a progredir, sem dúvida perderemos muitas oportunidades.

Elabore um plano. Assim você economiza tempo, dinheiro e energia – e acaba aprendendo a fazer networking de um modo mais eficaz. Veja os três passos fundamentais:

Estabeleça metas: Você precisa saber o que quer realizar.

Crie objetivos inteligentes: Eles devem ser específicos, mensuráveis, factíveis, realistas e oportunos.

Abra-se para as oportunidades: Evite se concentrar excessivamente em suas metas e ser rígido demais em seu planejamento: você pode perder as chances que surgirem. Lembre-se: fazer networking exige senso estratégico, bem como oportunidade.

"Se você está fazendo networking, continue. Se não está, comece imediatamente. Para receber, é preciso dar."

VÁ PROCURAR PESSOAS

SAIBA QUEM É QUEM

As pessoas que fazem parte das suas relações são como os ativos financeiros – e vice-versa. Que valor elas têm para você? Que valor você tem para elas? Quantas integram sua rede? Você sabe como ajudá-las? Sabe como elas podem ajudá-lo?

Em networking, um passo importante é fazer o inventário dos seus contatos. Pegue uma folha de papel, escreva seu nome no centro e, a partir dele, trace linhas para cada tipo de relacionamento. A principal é a linha da família, que inclui os pais dos amigos de seus filhos e quem quer que você conheça da escola.

Há ainda a linha da vizinhança e a profissional – colegas atuais e antigos, clientes e/ou fornecedores.

O que mais? Pense em tudo o que você fez e faz, e onde. Seus colegas de ensino médio e da faculdade constituem uma outra rede de relacionamentos. Se você participava de alguma equipe esportiva ou de debates, abra outra ramificação.

Agora, pense em seus interesses. Uma de minhas atividades preferidas para relaxar é fazer tricô – principalmente quando viajo de avião. Tenho vários grupos de tricô. Você é membro de alguma associação – de vinhos, de livros, de investimentos? Para cada uma delas você desenvolve uma rede de contatos.

Depois de identificar todas as suas redes de relacionamentos, pegue um bloco e escreva o nome, a profissão, o hobby, etc. de cada pessoa. O que você sabe sobre elas? O que elas sabem sobre você? Para quais delas você telefonaria? Por quê?

Os interesses de cada pessoa de suas relações revelam conexões potenciais, razões para você ser apresentado a uma terceira pessoa. Colocando umas em contato com as outras, você ganha fama de alguém que faz as coisas acontecerem.

Considere os seguintes itens ao inventariar suas redes:

Seja prudente nas áreas de política, religião e sexo: Para a maioria das pessoas, esses são pontos sensíveis. Administre, então, com cuidado suas conversas nessas três áreas. Procedendo assim, você diminui as chances de afastar seus interlocutores.

Mantenha o foco na qualidade, não na quantidade: Em geral, conhecemos de 200 a 250 pessoas, o que teoricamente abre a possibilidade de você vir a conhecer 10 mil pessoas. É difícil cuidar bem de uma rede tão extensa. Concentre-se em desenvolver bons relacionamentos.

Organize e atualize sua rede de informações: Você estará o tempo todo incluindo e excluindo pessoas da sua rede. Observe, portanto, as mudanças e as informações relevantes referentes a elas.

> **"Muita gente tem agendas lotadas. Mas a questão é: entre as pessoas listadas, quantas você quer de fato ajudar? Quais delas o ajudariam se você pedisse? Se elas não o conhecem bem e não sabem o que podem fazer por você, e vice-versa, o relacionamento de vocês é limitado."**

TRATE TODO MUNDO DA MESMA FORMA

AVALIE SEUS CONTATOS

Agora que você já identificou quem faz parte de suas relações, avalie qual é o potencial de ajuda mútua desse grupo. Observe que algumas pessoas fazem parte da nossa vida porque gostamos delas, não por alguma razão específica. Nem toda situação é uma troca de favores, o que é ótimo.

Vejamos alguns critérios para você avaliar seus relacionamentos:

- Até que ponto essa pessoa é acessível?
- Ela retornará logo uma ligação minha (em até 48 horas)?
- Como eu me sinto em sua companhia? Energizado? Extenuado? Apreciado? Respeitado? À vontade?
- O que eu recebo dessa pessoa: retorno positivo ou críticas?
- A experiência e os conhecimentos dela são relevantes para as minhas necessidades atuais?
- Essa pessoa tem, ou arranja, tempo para mim?
- Ela tem acesso a outras pessoas que podem me ajudar?
- O que posso lhe dar em retorno? Apresentá-la a alguém? Indicar-lhe alguma organização ou um evento? Que espécie de compensação essa pessoa gostaria de ter pela ajuda que me tem dado? Dinheiro? Presentes? Apresentações? Conselhos? Referências? Tempo?

Você também deve avaliar suas relações de maneira ampla:

- Quem tem capacidade de ajudá-lo através de sua própria rede de contatos?
- O que essas pessoas têm que atende às suas necessidades? O que você quer? Você já anotou seus desejos?
- Qual é a melhor maneira de abordar determinada pessoa? Quem pode fazer a apresentação?
- Que valor essas pessoas têm para você? Que valor você tem para elas? O que você tem para lhes oferecer?

Analise também cada organização à qual você é filiado e seus integrantes. Assim poderá avaliar o potencial de oportunidades que cada uma lhe oferece. Eis três formas de lidar com quem não corresponde às suas necessidades e seus valores:

Seja realista a respeito da qualidade de seus contatos: Muita gente acredita que precisa ter imensas redes de contatos, quando na realidade a maior parte delas é composta de meros conhecidos. Em vez de cuidar de uma enorme base de dados de pessoas que não podem contribuir com você de forma positiva e produtiva, concentre-se nos poucos relacionamentos estratégicos e de qualidade que você tem.

Abra mão dos relacionamentos de "mão única": Todos nós conhecemos pessoas que só nos procuram quando querem alguma coisa. Determine seu grau de tolerância para com elas e até que ponto você está disposto a permitir que ocupem seu tempo.

Tenha cuidado com os relacionamentos negativos: Algumas pessoas que conhecemos acrescentam pouco ou nenhum valor à nossa vida e às vezes até nos atrapalham. Não as ignore; entenda o efeito que elas causam em você e procure se comunicar com elas de maneira positiva e produtiva, impondo limites à sua negatividade. E limite-se a interagir com elas somente quando for estritamente necessário.

"Todo mundo pode ser útil em nossa vida. Alguns porque tomam decisões e resolvem o que você precisa, outros porque influenciam esses últimos. O mais importante é que eles compartilhem os seus valores e que seus atos tenham reflexo em sua qualidade de vida."

ESPERE ATÉ PRECISAR DE AJUDA

PRIORIZE E PREPARE-SE

Agora que você já identificou e avaliou os integrantes de sua rede de relacionamentos, o próximo passo é definir as prioridades dessas pessoas. Você precisa saber mais sobre elas, o que você tem a lhes oferecer e vice-versa, e por quê.

Faça um perfil de cada uma. As coisas que você precisa saber são aquelas que diria sobre si mesmo se estivesse fazendo seu auto-retrato. Basicamente, levante os seguintes dados: informações de contato e detalhes sobre a vida pessoal e profissional – atividades, interesses, realizações, associações, formação, problemas físicos (alergias, deficiências, etc.), familiares (com as respectivas atividades, interesses e realizações) e animais de estimação.

Em seguida, procure clientes com quem você se sinta à vontade, mas que não respondam por mais que 30% de seu faturamento. O objetivo é treinar networking – você não vai usar seus clientes mais importantes para aprender alguma coisa, não é mesmo?

Construa a sua rede de relacionamentos de maneira eficiente. Defina quem deseja conhecer e o que você quer dessa pessoa. Entre em contato com ela e diga que gostaria de encontrá-la para se aconselhar. Durante o encontro, seja específico a respeito do que você pretende. Explique que deseja elevar sua carreira ou negócio a um nível mais alto e, para isso, precisa de algumas dicas. Deixe a pessoa à vontade para negar sua solicitação, mas faça o possível para convencê-la a aceitar. Pague todas as despesas.

Para aumentar a eficácia do contato, envie um bilhete de agradecimento (em papel ou por e-mail, tanto faz) no prazo de, no máximo, dois dias, e se coloque à disposição. Mantenha a pessoa informada de seus progressos. Analise o encontro: o que você aprendeu? O que faria diferente? Por quê? Vale a pena se encontrar regularmente com essa pessoa?

Esse processo de seleção o ajudará a descobrir a melhor forma de usar o seu tempo e as pessoas que podem facilitar o seu progresso. Fique atento ao "extrato da conta" que você mantém com cada integrante de sua rede de relacionamentos. Ao prestar ajuda, você faz um depósito. Ao ser ajudado, uma retirada.

Se você quer procurar alguém para pedir algo, mas hesita porque seu "saldo" com essa pessoa está negativo, faça o seguinte:

Equilibre sua conta: Assuma imediatamente o compromisso de fazer um depósito na "conta corrente" dessa pessoa o mais rápido possível. Em outras palavras, encontre uma forma de ajudá-la.

Espere: Não peça nada por enquanto.

Procure pessoas com quem seu "saldo" esteja no azul: Será que elas podem ajudá-lo?

"As pessoas crescem e mudam ao longo da vida. Convém revisar suas redes de contatos periodicamente para saber se existem nelas pessoas em condições de promover o sucesso mútuo."

IMPROVISE

ENSAIE A ESPONTANEIDADE

Uma boa preparação é essencial para um networking eficiente. Ela nos dá segurança e nos ajuda a ser mais competentes naquilo que estamos fazendo. Quem já teve alguma experiência como ator sabe que o segredo está no roteiro. A atuação deve parecer espontânea, mas não é. Afinal, nós só temos alguns segundos para deixar uma boa primeira impressão. Parte desse efeito se deve à aparência, portanto você deve valorizar sua imagem.

Há quem diga que tudo isso é "bobagem", que os outros devem nos conhecer antes de nos julgar. Isso seria verdade se o mundo fosse perfeito. Para lidar com a realidade, apresentação e comportamento são fundamentais.

Monte uma rede de suporte para ajudá-lo a melhorar seu visual e treiná-lo para que você se saia melhor em seus primeiros encontros. Comece pelo exterior e passe para o interior. Eu recomendo que você procure especialistas em 10 áreas: guarda-roupa e imagem, cabelo, etiqueta à mesa, comportamento, forma física, apresentações, teatro, redação comercial, sorriso e higiene oral e networking.

Comece fazendo uma grande transformação em sua aparência. Em seguida, pratique suas novas habilidades de redação e de networking. Faça atualizações conforme for necessário.

À medida que for avançando na carreira, crie o seu próprio "programa de graduação" para desenvolver suas habilidades de gerenciamento, liderança, vendas, contratações e dispensas, resolução de conflitos, condução de reuniões e projetos, administração de tempo e comunicação pessoal.

Invista também no "equilíbrio de seu cérebro". Se você usa mais o lado esquerdo do cérebro, desenvolva seu lado criativo, intuitivo, visual e subjetivo. Se o lado direito é o predominante, reforce sua porção racional, lógica, verbal e objetiva.

Recomendo ainda a criação de um grupo de conselheiros pessoais. Em seu livro *Love the Work You Are With* (Ame o trabalho que está fazendo), Richard Whitely sugere que se arranje um mentor, um estrategista, um resolvedor de problemas, um orientador, um "chutador de traseiro" e um chefe de torcida.

Para completar, você deve formar um "círculo de pares" – um grupo de pessoas em posição semelhante à sua – fora de sua empresa para discutir questões que não poderiam ser abordadas com os colegas de trabalho. Além disso, arranje alguns "parceiros de networking", pessoas que podem acompanhá-lo nesse tipo de situação, para que você não fique sozinho.

Quando encontrar um de seus contatos, exponha a ele um panorama rápido do que está acontecendo. Isso serve tanto para deixá-lo informado quanto para iniciar uma conversa. Aqui vão três dicas para guiá-lo nessa abordagem:

Faça um mix de biografia com currículo: Diga o que está fazendo agora, nos planos profissional e pessoal, mencionando somente as coisas mais importantes que já fez.

Mantenha o tom coloquial: Não há necessidade de sobrecarregar a informação do que você já fez e do que está fazendo agora com datas e detalhes. Converse como se estivesse numa festa.

Crie uma formatação que facilite a leitura: Use títulos em negrito para os itens Profissão, Publicações, Clientes, Empresa, Família, Educação, Hobbies/Interesses, Associações. Seja breve e interessante.

"Não vivemos em um mundo perfeito; podemos gastar nosso tempo lutando contra nossa cultura ou aceitar a realidade e investir em ser o melhor possível, por dentro e por fora."

USE SUAS FERRAMENTAS DE NETWORKING

Um bom cartão de visita é essencial. O design deve ser claro e conciso, com suficiente espaço em branco e texto em fonte legível – corpo 10, pelo menos –, em papel de gramatura 150. Não recomendo cartão com dobra. Use o verso para explicar o que faz ou deixe-o em branco para anotações. Verifique se seus dados estão completos, atualizados e corretos.

Eu o aconselho a criar um segundo cartão, uma espécie de minifolheto que fala sobre o que você faz e/ou dá algumas dicas. Esse cartão é útil para iniciar conversas e deixar uma lembrança forte nas pessoas.

Mantenha seus cartões guardados em um estojo. E tenha um segundo estojo para colocar os cartões que recebe. Isso demonstra que você lhes dá valor.

Os computadores de mão, também conhecidos como PDAs *(personal digital assistant)*, nos permitem trocar informações sem recorrer a cartões de visita e armazená-las e consultá-las sem muito esforço. Mas a maioria das pessoas ainda prefere usar cartões. Além disso, ao transferir nomes e telefones de uma agenda para outra, você pode acabar enviando dados confidenciais, como senhas e números de cartões de crédito.

Tenha sempre à mão um bloco de anotações e uma caneta. Peça

permissão para tomar notas – a mensagem que você envia é a de que valoriza a informação que está recebendo. Use folhas em branco como sinal de respeito à pessoa e aos dados que ela está lhe passando. Não confie na memória.

Sua pasta é uma extensão da sua imagem. Valorize sua aparência usando um modelo elegante, que convenha à sua posição. Ela deve ser funcional e durável. Evite colocá-la sobre a mesa de reunião, especialmente se ela andou pelo chão do metrô ou do seu carro.

Telefones celulares e *pagers* também revelam muito sobre você. Atender a chamadas enquanto conversa com outra pessoa mostra as suas prioridades. Falar ao telefone em lugares públicos pode irritar os outros ou divulgar informações confidenciais.

Eis algumas dicas para você utilizar bem suas ferramentas:

Saiba usar seus cartões de visita: Nas reuniões, os cartões são trocados logo no começo. Mas em eventos de networking normalmente se entrega o cartão depois de conversar com a pessoa. Se estiver passando informações de alguém, desenhe uma seta na frente e anote os dados no verso.

Tire o máximo proveito dos cartões de visita que recebe: Organize-os da maneira que mais lhe convenha: por nome, evento, tipo, vendedor ou outra ordem qualquer. Encontre um sistema que lhe sirva e atenha-se a ele.

Gerencie sua tecnologia: Fazendo isso, você passa a mensagem de que é capaz de administrar outras coisas em sua vida.

"Existem algumas ferramentas básicas de networking que você deve trazer consigo o tempo todo... esteja preparado!"

SEJA NATURAL

CONTROLE A SUA LINGUAGEM CORPORAL

Nos contatos pessoais, nós nos comunicamos de três maneiras: por palavras, voz e linguagem corporal. As pesquisas do professor Albert Mehrabian, da Universidade da Califórnia, em Los Angeles, mostram que 55% de nossas comunicações se dão por meio da linguagem corporal, 38% por meio da voz e apenas 7% por meio das palavras.

Com tudo o que já se sabe sobre a importância da linguagem corporal, é preciso estar atento para o seu corpo. Fique a pelo menos 45cm de distância do seu interlocutor. Não relaxe a postura: mantenha os ombros e os quadris paralelos. Sorria. Faça contato visual, mas sem encarar. Deixe as mãos fora dos bolsos e não cruze os braços; essa não é uma postura amistosa.

Para saber mais sobre o assunto, leia *Entendendo a linguagem corporal*, de Geoff Ribbens e Richard Thompson.

Ao falar, evite fazer inflexões no final das frases para não transformar suas afirmações em perguntas. E preste atenção no seu tom de voz, porque ele pode sugerir tanto falta de confiança quanto arrogância ou ansiedade. Uma dica para falar ao telefone: sorria. Essa atitude acaba transmitindo seu entusiasmo e senso de propósito à sua voz.

Outra coisa importante: fale devagar, de modo calmo, confiante, amistoso e profissional. Controle o andamento da conversa. Se o interlocutor der sinais de impaciência, desacelere; se o assunto começar a se arrastar, aumente o ritmo. Preste atenção ao volume de sua voz.

Use um vocabulário que o outro entenda. Evite clichês, analogias e terminologia esportiva, a menos que seu interlocutor seja familiarizado com esportes – do contrário, você estará falando uma língua estrangeira que pode afastar as pessoas. Prefira as frases completas e gramaticalmente corretas. Procure não usar gírias nem linguagem vulgar.

Aqui vão três sugestões para você se comunicar com eficácia:

Fale alto e claro ao telefone: Nessa hora, você só dispõe da sua voz e das suas palavras – apenas 45% de seu poder de comunicação.

Filme sua apresentação: Como você se expressa? Procure a orientação de um especialista em linguagem corporal. Faça isso periodicamente para continuar melhorando.

Cuidado com os e-mails: Os e-mails tiram 93% de nosso poder de comunicação. Escolha cuidadosamente as palavras e leve-as a sério!

"Para maximizar o sucesso de seu networking, esteja atento para os três aspectos da comunicação: a linguagem corporal, o tom de voz e as palavras."

FALE MUITO

ENTRE, CONECTE-SE E SAIA

Conversar é essencial em interações que ocorrem quando se faz networking. Uma boa conversa prende a atenção, impressiona as pessoas e aumenta a sua autoconfiança.

Quando comparecer a um evento, prepare três ou quatro perguntas neutras: "Como você conheceu o organizador do evento?", "O que o fez decidir comparecer?", "Já esteve em outro evento semelhante a este?", "Você faz parte de outras organizações deste ramo?".

Em seguida, concentre-se em tópicos gerais: negócios, viagens, filmes, livros ou esportes. É recomendável mudar de assunto quando as pessoas começarem a falar de política, sexo, religião, peso, idade e colegas de trabalho. Evite gracejos potencialmente ofensivos e não seja excessivamente pessoal em relação à sua intimidade e à dos outros.

Se a conversa começar a se desviar e você se sentir pouco à vontade, assuma o controle. Evite assuntos que o incomodam; prefira temas de interesse geral.

É importante saber escutar. Se você tem dificuldade, experimente ficar de pé enquanto fala ao telefone. Também é importante manter a concentração no que você está fazendo; seu interlocutor merece atenção integral. Se a conversa for pessoal, mantenha o contato visual e fique de frente para a pessoa. Conte até três antes de falar. E o mais importante: concentre-se no que o outro está falando, não em você.

Não fale demais nem por muito tempo. Tente construir uma relação de empatia e criar uma oportunidade para discutir o tema mais profundamente. Fale de três a cinco minutos, no máximo oito. Se houver outras pessoas por perto, inclua-as na conversa.

Saia antes que as pessoas o deixem. Sorria e diga algo como: "Foi um prazer conversar com vocês. Aproveitem o evento." Não deixe ninguém sozinho nem dê falsas desculpas – convide a pessoa a acompanhá-lo até o bar ou bufê; é provável que você encontre alguém no caminho. Se não quiser perder o contato, peça um cartão de visita – e não deixe de dar continuação ao processo de networking.

Recomendo a leitura de *Como fazer as pessoas gostarem de você à primeira vista*, de Nicholas Boothman, e *Power Talk: Using Language to Build Authority and Influence* (O poder da conversa: usando a linguagem para aumentar sua autoridade e influência), de Sarah Myers McGinty.

Vejamos agora três dicas importantes para você melhorar a sua conversa:

Prepare o terreno para futuros contatos: Não tente dizer tudo na primeira conversa. Às vezes nos sentimos tão à vontade com alguém que acabamos de conhecer que falamos demais. Deixe seus relacionamentos se desenvolverem gradualmente.

Prepare-se para cada conversa: Pense bem a respeito do que pretende dizer e o que gostaria de aprender.

Encontre-se com as pessoas: Seja afável e interessado nos outros. Conversas de negócios são mais interessantes quando têm como pano de fundo uma história pessoal.

"No coração e na alma de todo processo de networking há uma conversa."

ENCONTRE AS OPORTUNIDADES

Aviões e trens são excelentes lugares para praticar networking. Leve um livro e deixe-o bem visível – isso indica que você não tem expectativa de que alguém o entretenha e lhe dá motivo para encerrar uma conversa. Ao se sentar, sorria e cumprimente quem estiver ao seu lado. Inicie uma conversa perguntando qual é o destino da pessoa, mas respeite sua privacidade e preste atenção na linguagem corporal dela.

Em conferências e feiras de negócios, você representa sua empresa o tempo todo e em todos os lugares. Por isso é fundamental deixar uma primeira impressão marcante. Ao conversar com as pessoas, faça perguntas que ajudem a manter o foco em seus objetivos.

Marque seus compromissos com antecedência. Seja claro ao expor suas razões. E não sobrecarregue sua agenda: reserve um tempo para descansar e recuperar as energias. Procure fazer bons contatos, não apenas colecionar cartões de visita. Compareça a festas, coquetéis e jantares que acontecem paralelamente aos eventos.

Para fazer networking de forma competente em reuniões, o ideal é chegar cedo para trocar cartões de visita com os demais participantes. Disponha os cartões à sua frente de acordo com os lugares que as pessoas ocupam. Ao final, agradeça a presença de todos e certifique-se de que saibam como chegar ao próximo destino.

Para decidir se deve ou não comparecer a um evento, faça uma avaliação com a ajuda de um "meteorologista". Quem está organizando o evento? Você já foi a outros eventos dessa organização? Conhece alguém que possa apresentá-lo a outros participantes? Quem está patrocinando? Qual é a finalidade do evento? Quem convidou você? Quem estará presente? Por quê? Quais são as perspectivas? Clientes? Concorrentes? Quantas pessoas devem comparecer? Quanto tempo haverá para fazer networking? Como é a infra-estrutura – localização, preço, horário, estacionamento?

Seguem três sugestões para ajudar sua preparação para esse tipo de evento:

Saiba por que você deve comparecer: Qual o seu objetivo? Contato com colegas? Oportunidades de negócios? Crescimento pessoal?

Avalie as vantagens de se associar à organização: Você se sente bem-vindo? Os demais participantes são tomadores de decisão em seus ramos de atividade? Você terá oportunidade de agregar valor à organização?

Avalie cada pessoa: Antes de entrar em contato com alguém, verifique se vocês já se conhecem, as circunstâncias do encontro e os resultados. Por que você quer falar com essa pessoa? Está preparado para qualquer resultado, seja ele positivo ou negativo?

> **"É essencial deixar uma primeira impressão marcante, e os efeitos são maiores em grandes eventos, como conferências e feiras de negócios."**

NÃO SE ABORREÇA POR POUCO

COMPORTE-SE

Não há nada melhor para criar confiança do que saber se comportar apropriadamente. Aqui vão algumas recomendações e lembretes:

Quando homens e mulheres se encontram, ambos apertam as mãos e se apresentam rapidamente. Diga seu nome, qual é o seu papel naquela situação e por que a outra pessoa se interessaria por você – não necessariamente nessa ordem.

Seu discurso deve abordar a sua forma de ajudar os outros. O ideal é que ele suscite perguntas e abra espaço para uma conversa enriquecedora entre as partes.

Ao fazer a apresentação entre duas pessoas, lembre-se do cerimonial: dirija-se ao mais jovem para apresentar o mais velho, ao júnior para apresentar o sênior, ao funcionário da sua empresa para apresentar o funcionário da empresa convidada.

Diga o nome da pessoa, seu cargo ou função, o nome da empresa (se necessário) e algo interessante sobre ela, que contribua para o desenvolvimento da conversa.

Não ingira álcool durante o dia, seja cauteloso à noite. Não dirija se estiver se sentindo incapaz ou inseguro. Não fume.

Discuta, mas jamais polemize. Seja amistoso, mas tenha o

cuidado de não flertar. O limite é tênue. E evite gracejos que não gostaria de ouvir da boca de seus filhos ou de sua avó.

Aja de forma cordial e respeitosa com as recepcionistas, assistentes e secretárias executivas. Essa não apenas é a atitude mais correta como também a mais sensata, pois essas pessoas podem ajudá-lo a progredir na carreira (ou se tornar pedras no seu caminho).

Se você tem vários assistentes, trate-os bem, com cortesia, dizendo sempre "por favor" e "obrigado". Você deve informá-los de como espera que eles falem ao telefone, recebam os convidados e atendam aos visitantes. O mesmo vale para temas e comportamentos impróprios.

Veja alguns livros que podem ajudá-lo a se comportar de modo apropriado: *Get Along, Get Ahead: 101 Courtesies for the New Workplace* (Seja gentil, seja vencedor: 101 gentilezas para o novo ambiente de trabalho), de Karen S. Hinds, *The Etiquette Advantage in Business* (Os benefícios da etiqueta nos negócios), de Peggy e Peter Post, e *Power Etiquette* (O poder da etiqueta), de Dana May Casperson.

Aqui vão três sugestões para você se relacionar melhor:

Pense antes de telefonar: Planeje com antecedência o que quer perguntar e se o outro pode ajudá-lo. Que contatos você já teve com essa pessoa? Você está preparado para falar com ela ou prefere agendar um encontro?

Prepare-se para os eventos: Conhece alguém que possa aconselhá-lo sobre a conveniência de comparecer ao evento? Está mental, física e emocionalmente preparado para dar o melhor de si? Não esqueça seus cartões de visita.

Torne seus encontros mais eficazes: Procure lembrar se essa pessoa já lhe ofereceu conselhos – e o que você fez com eles. Ela pode perguntar algo a respeito. Saiba que resultados você espera da reunião. Esteja preparado para tomar notas: desligue o celular, o *pager* e o PDA.

"Não há nada melhor para estabelecer uma relação de confiança do que conhecer as melhores práticas... isso nos dá a tranqüilidade de saber como nos comportar."

SEJA ESPONTÂNEO

PREPARE O SEU KIT

Esteja sempre preparado para qualquer evento com um kit de sobrevivência – cartões de visita, dois estojos de cartões, uma caneta, um pequeno bloco, um marcador (para seu crachá) e pastilhas de hortelã.

Na verdade, convém ter vários conjuntos – na pasta, no carro e no escritório. Quando for a um evento, tenha sempre à mão as informações sobre como chegar ao local e uma cópia da página principal do site de quem está promovendo o evento. Quando for a uma reunião, leve um caderno para tomar notas e fotos de todos os participantes.

Se chegar sem o material necessário, vai parecer que é apático e desinteressado. Esteja preparado para encontrar pessoas, aceitar ajuda e compartilhar informações.

Seu kit deve conter ainda escova e pasta de dentes, loção hidratante para as mãos, cortador, lixa e esmalte, pente e/ou escova de cabelo, spray para o cabelo, escova para remover fiapos da roupa, produtos de barbear, lenços de papel, toalhas de papel umedecidas, meias/lingerie, alfinetes de segurança, kit de costura e, é claro, pastilhas de hortelã para melhorar o hálito.

É recomendável fazer uma rápida pesquisa para se informar

sobre a organização, a finalidade, os participantes e o lugar onde se realizará o evento. Ao chegar, percorra a sala para observar os crachás e formar uma idéia de quem está presente antes de decidir quem irá abordar. Comece pelos VIPs, antes que sejam "alugados" pelos outros. Depois, procure as pessoas que estão sozinhas. Peça sempre um cartão antes de oferecer o seu.

Tenha sempre em mente as seguintes questões:

Crachás são para os outros, não para você: Imprima o seu nome em letras grandes. Se você é atrevido, acrescente alguma coisa inesquecível para iniciar a conversa. Ponha o crachá na lapela, e não no peito, para que o outro o identifique ao apertar sua mão – e evite pendurá-lo no pescoço, porque isso faz com que pareça decoração de umbigo.

Esteja preparado para fazer networking: Sorria e transmita uma atitude positiva. Mantenha uma boa postura, sentado ou em pé. Deixe que sua curiosidade seja o seu guia, e use o seu senso de humor.

Concentre-se nos contatos, não nos cartões: O objetivo maior do networking não é juntar a maior quantidade possível de cartões de visita, mas conhecer pessoas que você possa ajudar e que possam ajudá-lo. É a qualidade que conta, não a quantidade.

"Antes de sair para um evento, conferência ou reunião, prepare o seu kit de sobrevivência. O objetivo é ter em um único lugar tudo aquilo de que você precisa para fazer networking."

RELACIONE-SE DE FORMA INTELIGENTE

Ao encontrar com alguém, duas coisas são essenciais: o aperto de mão e a lembrança do nome.

O ideal é que os outros se lembrem de você, não do seu aperto de mão. Mostre que você é confiante e amistoso e que sabe se comportar de forma conveniente em um encontro de negócios. Evite atitudes altivas, ambíguas, amadoras ou pretensamente poderosas.

Ao apertar a mão de seu interlocutor, certifique-se de que sua mão toque inteiramente a dele. Sacuda a mão levemente para cima e para baixo ou sustente-a por um momento e solte em seguida. Mantenha contato visual durante o aperto de mãos e a apresentação.

Evite tocar o braço, o ombro ou a mão da outra pessoa. Cuidado para não exagerar no aperto de mão: você conhece a sua força, mas não a use. Por fim, saiba que não existem restrições para cumprimentar uma mulher. Alguns homens hesitam em cumprimentar mulheres, razão pela qual elas devem estar preparadas para tomar a iniciativa.

É extremamente constrangedor não lembrar o nome de alguém ao encontrá-lo. Aqui vão algumas sugestões para você treinar sua memória. Procure entender o nome da pessoa com clareza. Se não ouvir direito ou não souber pronunciá-lo, peça-lhe que repita. Em seguida, diga o nome uma ou duas vezes nas primeiras frases – não mais que isso, para não ser importuno.

Desenvolva um sistema. Algumas pessoas associam os nomes a coisas. Se a sua memória é visual, escreva o nome mentalmente. Se for auditiva, repita em voz alta. Se for cinestésica, imagine-se escrevendo o nome no chão com o dedo do pé.

Sempre que possível, peça licença para anotar o nome e alguns dados da pessoa quando for apresentado a ela. Se estiver numa reunião, faça um resumo de suas impressões sobre cada um dos presentes. Se for o anfitrião, providencie cartões de identificação.

Vejamos agora como você pode aperfeiçoar seu estilo:

Pratique o aperto de mão: Peça a colaboração de pessoas de sua confiança. Use este livro como pretexto para discutir a importância do aperto de mão. Talvez vocês concordem em prestar ajuda mútua – e comemorem se cumprimentando.

Crie um incentivo para lembrar nomes: Se você ganhasse R$ 100 por nome que lembrasse, qual seria o seu empenho? Quando encontrar alguém, imagine uma nota de R$ 100 sobre sua cabeça. E, se o dinheiro não for motivação suficiente, que tal uma massagem, uma partida de golfe em seu clube favorito ou uma semana de férias?

Ajude os outros: É mais fácil entender e lembrar o nome de alguém quando se tem oportunidade de "treinar" com a própria pessoa.

"Em algum momento, todo profissional bem-sucedido percebe que precisa de treinamento profissional para progredir na carreira."

COMA, BEBA E DIVIRTA-SE

CONCENTRE-SE NOS RELACIONAMENTOS

Ao fazer networking, às vezes nos distraímos com a comida e a bebida. Portanto, é preciso estar atento para não perder o foco. Se um jantar formal, ou um coquetel, é parte obrigatória de um evento, considere a possibilidade de fazer uma refeição leve antes para poder se concentrar no seu networking, não no seu estômago.

Se estiver faminto, procure um conhecido e sugira se recolher em um canto para poder comer e beber enquanto se informa das novidades. Depois, vá à luta com seu networking!

Equilibrar um prato e um copo não é fácil. Se tiver de fazê-lo, prefira ficar perto de uma mesa para poder pousar o copo vez por outra. Não se esqueça de segurar o copo sempre com a mão esquerda, deixando a direita – que não deve estar fria nem molhada – livre para os apertos de mão.

E se cair alguma coisa no chão? Se você estiver na casa de alguém, recolha imediatamente. Se estiver em um local público, faça como achar melhor. Opte pelo que for menos arriscado: se você estiver em uma casa em que o tapete é de cor clara, dê preferência ao vinho branco ou a uma outra bebida de cor neutra.

Se essas dicas são novidade para você, leia o capítulo 3 ("Como se comportar nas refeições") de *Power Etiquette* (O poder da etiqueta), de Dana May Casperson.

Quando se faz networking, é quase obrigatório freqüentar bares. Felizmente, hoje em dia é socialmente aceitável beber pouco ou nada. Se você gosta de beber, atente para a sua tolerância ao álcool e limite-se a ela. E tenha sempre em sua pasta algo para beliscar antes de beber. Alterne água com bebidas alcoólicas.

Aqui vão três dicas para você fazer networking em coquetéis e jantares:

Prepare-se para beber: Mantenha um estoque básico de barras de cereais na pasta para um lanche providencial. Você não ficará com fome e o álcool não o afetará tanto.

Beba civilizadamente: Não beba durante o dia, seja cauteloso à noite e – sempre – respeite o seu limite. E, é claro, não dirija se não estiver em condições.

Nunca beba direto da lata ou da garrafa: Despeje a bebida em um copo. Quem tem familiaridade com depósitos de bebidas sabe que latas empilhadas costumam conviver com bichos e seus restos. Isso pode não incomodá-lo, mas pense nas pessoas à sua volta.

> **"A maioria dos eventos de networking envolvem algum tipo de refeição ou uma ida a um bar... Você quer ser inesquecível, mas algumas lembranças são melhores do que outras."**

AGARRE, LEVE PARA O CANTO E CONVERSE

DESENVOLVA UMA TÁTICA DE ABORDAGEM

É comum irmos a uma reunião ou a um evento para encontrar o orador ou algum VIP. É mais fácil abordar o palestrante antes da apresentação, porque depois tem sempre um monte de gente em volta dele, o que dificulta o contato.

Determine qual é o seu objetivo e faça um trabalho de pesquisa antecipado, para ter domínio completo sobre o assunto. Entre no site do palestrante e leia a sua biografia; prepare algumas perguntas: essa é a melhor forma de fazer contato. Seja breve em sua abordagem.

Se você pretende falar com alguma celebridade presente ao evento, certifique-se de que ela é realmente a pessoa que você precisa conhecer. Estar no topo nem sempre significa ser a pessoa mais indicada para ajudá-lo. Pergunte: isso demonstra respeito e profissionalismo.

Se você se sente pouco à vontade para procurar determinada pessoa, peça que alguém o apresente. Considere a possibilidade de enviar com antecedência um e-mail ao seu contato pedindo sua intermediação e, claro, indicando o que você pode lhe oferecer em troca.

Nunca é demais lembrar: pesquise sobre a pessoa com quem

você deseja falar. A pior coisa é começar uma conversa sem saber o básico sobre a pessoa.

Nos eventos, procure abordar os solitários; eles costumam ser mais receptivos. Boas conexões podem sair daí. No mínimo, é uma excelente maneira de praticar suas habilidades em networking. Talvez você possa apresentar essa pessoa a alguém ligado àquela organização.

Se tiver a oportunidade de promover um evento de networking, trabalhe com quem tem experiência na matéria ou contrate um profissional. O primeiro passo é definir suas metas e seus objetivos, depois selecionar um local adequado e atraente.

Ao montar a programação, reserve um tempo para que todos possam fazer networking. Peça a sua equipe que ajude as pessoas a se conhecerem. E para que os participantes se mostrem confiantes e capazes, faça com que eles saibam o que se espera deles e como devem se comportar.

Eis algumas diretrizes para fazer um bom trabalho de networking:

Pergunte como pode ajudar: Ao encontrar uma pessoa que você pretende ajudar, pergunte o que pode fazer por ela. Uma simples pergunta pode construir uma relação de confiança. Se o outro aceitar a sua oferta, não deixe de honrá-la; sua reputação depende de sua capacidade de cumprir o que promete.

Cuidado com o que fala em lugares públicos: informantes e concorrentes estão em toda parte. Em locais públicos, não se envolva em nenhuma conversa que não queira que seja publicada ou conhecida por seus concorrentes.

Entre em contato com as pessoas que vier a conhecer em reuniões ou eventos: São poucas as pessoas que continuam a fazer networking em seu dia-a-dia, e raras as que sabem fazê-lo. Faça isso, para não prejudicar você mesmo nem sua empresa.

"Em um evento, se surgir a oportunidade, pergunte a si mesmo se essa será a única chance de falar com aquela pessoa. Aja estrategicamente, mas não seja tolo... Mostre compostura e polidez, nunca despreparo e oportunismo."

VÁ COM CALMA

ULTRAPASSE SEUS LIMITES

Você nem sempre está disposto a fazer networking. Se for porque está cansado ou porque o lugar não é conveniente, tudo bem. Mas se a razão é porque você se sente intimidado, com medo de falar com as pessoas ou com a sensação de estar "fora do lugar", então existe um problema.

Às vezes, basta um estímulo para você decidir comparecer a um evento. Aqui vão algumas sugestões. Chame um colega para ir com você. Pesquise o site do evento e prepare algumas perguntas neutras. Lembre-se de alguma experiência positiva, de preferência que tenha ocorrido em um evento ao qual você também não queria comparecer.

Considere o encontro como uma oportunidade de praticar suas técnicas de networking: experimente uma nova apresentação ou desafie a sua própria capacidade de conhecer pessoas novas. Vista uma roupa que o deixe de alto astral e pegue um táxi para chegar com o espírito tranqüilo, sem estresse.

Você se sente pressionado a dizer alguma coisa significativa ou memorável? Comece com um simples "Olá, como vai?".

Você acha que está aborrecendo as pessoas? Isso só acontece quando você não se sente seguro sobre o que tem para oferecer.

Nesse caso, você só está pensando em si mesmo. Mude o foco para o outro. Seja cordial e receptivo. Comporte-se como uma pessoa madura.

Você acha que está com ar de quem precisa de ajuda? E se outras pessoas também se sentem assim? Se você pensou nas razões pelas quais está fazendo networking, e com quem, então já sabe o que tem para oferecer e do que o outro pode estar necessitando – o que significa que estará agindo de forma autêntica e sincera.

Você se sente "deslocado"? Pesquise a respeito do evento para descobrir se vale a pena comparecer. Se decidir que sim, procure saber mais sobre a organização e prepare algumas perguntas neutras para fazer a qualquer pessoa que encontrar por lá.

Você se sente nervoso? Experimente relaxar com o seguinte exercício: sente, feche os olhos, contraia todos os seus músculos durante 10 segundos, depois relaxe e respire profundamente. Repita uma ou duas vezes o procedimento, ou apenas inspire profundamente e bem devagar (quatro segundos), depois prenda a respiração (conte novamente até quatro) e expire lentamente (quatro segundos). Repita três vezes esse procedimento. Ele sempre funciona.

Aqui vão três maneiras de tornar mais fácil a prática de networking:

Certifique-se de que o tempo e o esforço valem a pena: Avalie cuidadosamente todas as oportunidades que surgirem de fazer networking.

Evite exageros – você pode se estressar e ter uma experiência ruim: Antes de entrar em contato com alguém, faça a si mesmo algumas perguntas básicas: quando foi a última vez que falei com essa pessoa? Quais eram as circunstâncias? Será que ela se lembra do meu nome? Qual é o meu objetivo?

Se não estiver dando certo, mude: Se você faz sempre a mesma coisa, é irracional esperar um resultado diferente.

"A prática leva à perfeição. Se você praticar não ir, nunca terá vontade de participar de eventos de networking."

DEIXE ACONTECER

FAÇA ACONTECER

Manter os contatos e cultivar relacionamentos implica cumprir várias tarefas. A principal mensagem que esse tipo de comportamento envia é a de que você está interessado em desenvolver uma relação que seja benéfica para ambos os lados.

Assumir a responsabilidade de conhecer melhor a outra pessoa indica que você é um profissional atencioso e que deseja compartilhar informações – uma apresentação estratégica ou um artigo.

Mande um e-mail quando tiver pressa e sua voz não for fundamental, como acontece quando se precisa de alguma informação urgente, por exemplo. Prefira deixar um recado na secretária eletrônica se a energia e o tom da sua voz forem relevantes. Um muito obrigado escrito de próprio punho é sempre bem-vindo – exceto quando acompanhado de materiais não solicitados, como anúncios, currículos ou pedidos de doação.

Quando você solicitar a ajuda de alguém, deixe a pessoa à vontade para recusar. Agradeça e vá em frente. Agindo assim, as pessoas o respeitarão e estarão prontas a ajudá-lo no futuro.

Se alguém que você acabou de conhecer não retornar as suas ligações, telefone para quem fez a apresentação. Explique que não está conseguindo obter resposta e peça sugestões sobre que atitude tomar. Mantenha seu "padrinho" atualizado sobre o andamento desse novo relacionamento. É um gesto educado que mostra seu apreço pela ajuda recebida e lhe dá um bom motivo para se manter em contato.

Quantas tentativas de aproximação são recomendáveis? Eu raramente faço mais do que três. Em geral, começo com um e-mail (com a linha "assunto" preenchida para chamar atenção) e um telefonema, para o qual preparo um roteiro e faço um ensaio prévio – afinal, é preciso estar preparado tanto para secretárias humanas quanto para as eletrônicas. Se não houver resposta, faço mais uma tentativa por telefone.

Ao telefonar, não espere que a pessoa o reconheça imediatamente. Diga o seu nome e o nome de sua empresa. Em seguida refresque a memória do seu interlocutor: conte como vocês se conheceram e qual foi o último contato que fizeram. Pergunte se ele ou ela tem um momento para falar. Seja breve e agradeça quando terminar.

Persistir pode valer a pena, mas convém não exagerar. A persistência leva à perseverança, à determinação e à resolução – o que, dependendo da situação, pode ser inoportuno, aborrecido e irritante. Saiba a diferença e respeite a postura do outro.

Aqui vão três sugestões para cultivar um relacionamento:

Pergunte como o outro prefere ser contatado: Por e-mail, recado na secretária eletrônica ou bilhete escrito à mão? Use o método indicado.

Ao convidar, explique: Quando convidar alguém para almoçar, seja claro a respeito de seu objetivo – e avalie o custo-benefício do convite. Se quiser um conselho ou uma boa dica, esse pode não ser o método mais sensato: é como pagar R$ 100 (dependendo do local do almoço) por uma hora ou mais de consultoria.

Seja rápido e ofereça alternativas: Sugira um encontro de 15 minutos no escritório da pessoa, por exemplo. É mais fácil de agendar e ela tem à mão os assistentes e os recursos de que precisa para tomar medidas imediatas.

> "Poucas pessoas cultivam novos relacionamentos, e pouquíssimas têm a disposição e o conhecimento necessários para fazê-lo. A diferença entre um networking bem-sucedido e um malsucedido é essa habilidade."

FAÇA TUDO PESSOALMENTE

TELEFONE, MANDE E-MAIL, USE O CORREIO

Sempre que possível, faça networking pessoalmente. Quando não der, considere as seguintes sugestões.

Ao telefonar, saiba o que quer e o que vai dizer, faça um rascunho de sua mensagem e ensaie o que pretende falar – em voz alta. Sorria ao falar. Esteja sempre preparado para deixar uma mensagem, caso a pessoa não atenda e a secretária eletrônica entre em ação. Diga o seu nome, o motivo da sua ligação, o melhor horário para encontrá-lo e o seu número de telefone e/ou endereço eletrônico. Fale clara e pausadamente. Repita seu nome e as informações para contato.

Quando receber uma ligação, responda ao terceiro toque – e sorria. Afaste-se do computador e anote imediatamente o nome de quem está ligando e chame a pessoa pelo nome durante a conversa. Tome notas, se necessário. Se tiver dificuldade de prestar atenção, levante-se. Agradeça pela ligação.

As pessoas estarão mais inclinadas a dar feedback se você telefonar no horário de trabalho, deixando mensagens detalhadas e incluindo informações para contato. Ligue outra vez, mas somente mais três vezes. Sempre retorne as ligações, no máximo em 48 horas, mesmo que os outros não o façam.

A mensagem que você deixa em sua secretária eletrônica é muito importante. Escreva-a, pratique-a e fale devagar e com clareza. Inclua uma forma alternativa de contato e mude a mensagem, se não tiver condições de retornar as chamadas no prazo de um ou dois dias.

Só utilize o e-mail se souber que o outro o utiliza regularmente. Lembre-se: um e-mail é como um cartão-postal – potencialmente aberto para o mundo. Por isso, escreva com cautela. Seja breve e use marcadores (cores diferenciadas, negrito ou itálico) para facilitar a leitura.

Programe seu e-mail para que seu nome apareça ao lado do endereço. Use assinaturas profissionais. No espaço dedicado ao "assunto", dê ao destinatário um bom motivo para ler sua mensagem. Só utilize "com cópia" ("cc") quando todos os destinatários se conhecerem. Use "cópia oculta" ("cco") ao enviar mensagens para um grupo, visando manter o anonimato. Depois de "para", coloque seu endereço de e-mail na linha "cópia oculta" e os endereços dos destinatários. Ao responder, altere a linha "assunto" se o assunto mudar.

Bilhetes de agradecimento escritos à mão chamam atenção porque são raros. Depois do contato inicial, envie uma breve nota de agradecimento, de próprio punho, no prazo de 24 horas.

Sempre que possível, use cartões com monograma e não esqueça de incluir o seu cartão de visita.

Não é preciso enviar bilhetes de agradecimento depois de todos os encontros e almoços. Mas é fundamental manter um estreito contato para que o caráter vantajoso do relacionamento fique bem claro para todos.

Peça ajuda: Nem sempre as pessoas conseguem adivinhar suas intenções. Esteja preparado para receber um não e deixe o outro totalmente à vontade.

Seja específico: Saiba o que você quer e diga-o com clareza. Ao receber um telefonema ou um convite para um evento, esteja preparado para responder à pergunta: "Como posso ajudá-lo?"

Expresse seu apreço: Se uma pessoa se mostra prestativa, demonstre sua gratidão. Se ela se nega a ajudar, qualquer que seja a razão, agradeça-lhe por considerar o seu pedido.

"Sua meta deve ser 'aparecer' sempre que possível. O problema é que nem sempre isso é possível."

CULTIVE SEUS CONTATOS

Aqui vão algumas sugestões para você manter e ampliar a sua rede.

Uma ou duas vezes por mês, encontre-se com pessoas que têm interesses semelhantes aos seus, tanto em termos profissionais quanto pessoais, e coloque-se à disposição para ajudá-las no que for necessário. Construa relacionamentos antes de precisar deles. Tome a iniciativa de começar relacionamentos.

Participe de entidades de classe e associações profissionais. Verifique as possibilidades e identifique as melhores opções e por que você deve se associar a alguma delas. Se decidir se tornar sócio, tente assumir uma posição de liderança ou integrar uma comissão.

Clubes de lazer também são ótimas opções, especialmente quando oferecem esportes ou diversões em áreas de seu interesse. Em cada uma dessas comunidades você encontrará alguém que precise de ajuda (e que possa ajudá-lo, é claro).

Trabalho voluntário é outra maneira eficaz de ampliar a sua rede. Seja atuante, mas limite-se a ONGs estrategicamente escolhidas.

Seja responsável pela organização de eventos de networking dentro da sua empresa. Procure planejar encontros mensais para compartilhar idéias e discutir problemas e soluções. Envolva os gerentes que ocupam cargos de direção.

Busque oportunidades de escrever, falar e ensinar. Essas são maneiras altamente eficazes de aumentar sua visibilidade e credibilidade. A mídia impressa sempre busca artigos de boa qualidade escritos por profissionais do negócio. Invista algum tempo e esforço em se tornar conhecido como especialista em seu ramo, uma verdadeira autoridade no assunto.

Fazer palestras em reuniões ou eventos de associações profissionais também é um recurso valioso. Isso requer conhecimento e habilidade para elaborar espontaneamente um discurso interativo sobre esse assunto – esse tipo de experiência pode dar um grande impulso à sua rede de relacionamentos.

Crie e mantenha o seu próprio site na internet. É um investimento inteligente. Obtenha o seu nome de domínio ou use algo profissional. Algumas páginas podem ser suficientes – cada uma delas no tamanho adequado para ser impressa em uma folha de papel.

Coloque informações para contato em todas as páginas, mas não divulgue o seu endereço residencial nem o número do seu telefone. Mantenha o site atualizado.

Ao pensar em maneiras de ampliar sua rede, tenha em mente três coisas:

Escolha seus interesses com cuidado: Quer você escolha uma causa por motivos profissionais ou pessoais, ela se refletirá nesses dois aspectos de sua vida. Que apelo esse assunto tem para você? Vale a pena dedicar seu tempo em termos de networking?

Seja profissional: Trate todos os compromissos como se fossem responsabilidades profissionais. É a coisa certa a fazer – além de ser benéfico para a sua reputação.

Desenvolva-se continuamente: Encontre-se regularmente com os seus grupos de suporte para discutir suas técnicas e estratégias.

"Mantenha a sua rede forte e saudável.
Se você conservar a sua rede,
nunca terá de recomeçar do zero."

ACEITE TODAS AS ATITUDES

SUPERE OS PRECONCEITOS

Os estereótipos estão em toda parte. As pessoas tendem a construir suas expectativas em relação aos outros de acordo com o gênero, a raça, a cultura, a religião, a filiação política, a idade, a aparência e assim por diante. Por mais ridículos que pareçam, esses clichês e preconceitos são reais. Convém, pois, aceitar esse fato da vida e aprender a lidar com as situações difíceis criadas pelos estereótipos.

É inteligente relacionar-se com pessoas que possam precisar de sua ajuda e vice-versa. *Não* é nada inteligente deixar que a raça, a cultura, o gênero ou *qualquer* outra coisa que não a competência afete suas decisões de networking. E é uma total idiotice tomar decisões baseadas em quaisquer desses fatores antes de conhecer a pessoa.

As associações mais solidamente estabelecidas nos círculos de negócios são as que historicamente reuniam exclusivamente homens, em geral da elite, com o objetivo de fornecer indicações, trocar favores e informações especialmente na área de política e negócios. Mas isso vem mudando à medida que mais e mais mulheres ingressam e avançam no mundo dos negócios – muitas vezes com a ajuda de homens que entendem que a capacidade não é um privilégio masculino.

Grupos étnicos também têm criado suas próprias associações, de modo a facilitar seu progresso nos círculos de negócios. Nesse caso, a atividade de networking é fundamental, e se apóia em organizações que congregam latinos, asiáticos, negros e mulheres.

Este livro trata dos benefícios da prática do networking, mas não dá para negar a existência de redes dedicadas ao mal. Algumas são obviamente malignas, como as redes terroristas; outras, insidiosas, como as seitas.

Sempre que alguém lhe pedir para pensar ou fazer algo que você acha errado, é hora de avaliar o papel dessa pessoa em sua vida.

A vida é curta. Não permaneça em um ambiente em que você é solicitado a comprometer seus valores. Não desperdice seus talentos com pessoas que não sabem apreciá-los.

Os três pontos seguintes resumem como o networking inteligente reage aos estereótipos:

Procure pessoas que gostem de você: Se suas atividades de networking não estão funcionando, pergunte a si mesmo: "Será que esse grupo me aprecia de fato por aquilo que tenho a oferecer?" Se a resposta for negativa, olhe ao seu redor. Algumas comunidades são decididamente melhores do que outras.

Lute contra as limitações sociais: Se você sente que os estereótipos estão prejudicando seus esforços de fazer networking, procure pessoas que simpatizem com a sua situação e que possam ajudá-lo – um amigo bem relacionado ou um grupo de pessoas igualmente limitadas por atitudes negativas.

Combata os próprios preconceitos: Às vezes, tiramos conclusões instantâneas sobre as pessoas, baseados em fatores sem importância. Há ocasiões em que é muito difícil mudar. Relacione-se de modo inteligente: não feche os olhos para os problemas e supere seus preconceitos.

"Embora seja tentador se deixar influenciar pelos fatores de networking aqui discutidos, no fim do dia nós caímos em três redes: Inteligente, Não-Inteligente e Más Notícias."

FAÇA O QUE FUNCIONA

FAÇA A COISA CERTA

Sua reputação é seu ativo mais valioso, seja no plano profissional ou no pessoal. Faça networking de maneira ética e prudente.

É difícil telefonar para quem não conhecemos; por isso, às vezes é tentador usar pequenos subterfúgios para obter acesso. Tenha cuidado. Se você se aproximar de alguém por meios ilícitos, acabará sendo descoberto. Não corra esse risco.

Só use o nome de outra pessoa se ela lhe der permissão para fazê-lo. É melhor pedir que faça uma apresentação por e-mail ou telefone. Mas não há problema em dizer algo como "Encontrei fulano numa feira de negócios e ele mencionou o seu nome. Talvez ele não se lembre de mim, porque conheceu muita gente lá".

Não tente fazer com que seu interlocutor acredite que a pessoa que ambos conhecem o recomenda. Se for o caso, uma carta ou e-mail de apresentação é o mais apropriado. Respeite os limites dos seus relacionamentos. Nunca exagere sobre o grau de intimidade que você tem com uma pessoa.

No currículo, sua formação e experiência profissional devem estar descritas de maneira completa e precisa. Procure um especialista para ajudá-lo na redação final. Um bom currículo vale seu esforço, seu tempo e seu dinheiro. Mesmo que você ache caro o serviço desse tipo de profissional, considere a possibilidade.

Dana May Casperson dá algumas diretrizes éticas em *Power Etiquette* (O poder da etiqueta): Não se envolva em fofocas. Conserve a sua dignidade pessoal e preserve a dos outros. Guarde segredos e respeite a confidência. Seja honesto. Mantenha a palavra.

A menos que você diga às pessoas quais são suas fronteiras éticas, não suponha que elas vejam uma dada situação da mesma forma que você. Se achar que alguém está tomando excessiva liberdade, provavelmente é porque vocês têm expectativas e perspectivas diferentes. Nesse caso, você pode dizer alguma coisa ou se afastar, dependendo do valor do relacionamento.

Por fim, como mencionado na lição anterior, não permaneça em um ambiente em que você seja solicitado a abrir mão de suas crenças. Se uma pessoa lhe pedir para fazer algo que você considera errado, é hora de avaliar a organização à qual essa pessoa pertence e cogitar a possibilidade de deixá-la.

Aqui estão três pontos éticos essenciais:

Tenha orgulho do que você faz: Se você não se orgulha de suas palavras e ações, qual é o motivo? Pode ser um sinal de que você ultrapassou algum limite ético.

Dê o devido crédito às pessoas que participam de seu sucesso: Você esperaria a mesma consideração por parte daqueles que você ajudou.

Seja honesto – sempre e de todas as formas: Você nunca se arrependerá.

> **"Se você precisa se perguntar se determinada coisa é certa ou errada, a resposta já está dada."**

APRENDA COM A EXPERIÊNCIA

DESENVOLVA-SE SEMPRE

Este manual pode dar um grande impulso às suas aptidões de networking. Revise o que leu até agora e verifique quanto você aprendeu com os exercícios e com os resultados de suas experiências práticas.

Pense em formas de aplicar as ações descritas neste livro à sua vida cotidiana, e como isso pode ajudá-lo a expandir o seu círculo de amigos e colegas de profissão – bem como a sua própria influência junto às outras pessoas.

Depois, quando estiver fazendo compras em uma loja, ou no metrô, procure comunicar-se com quem estiver nesse momento ao seu lado. Se as coisas não saírem como você queria (o mais provável é que tudo saia bem), você não tem nada a perder.

Além disso, não há teste melhor para saber o que você aprendeu. Afinal, é disso que se trata o livro – de experimentar, você mesmo, se as teorias se confirmam na prática.

Embora o tema networking seja abordado em vários contextos diferentes, todos sabem que construir e manter uma rede de relacionamentos é a chave para encontrar o emprego dos sonhos e, por tabela, construir uma carreira bem-sucedida. Não lhe parece razoável, portanto, cuidar do assunto com um enfoque mais inteligente do que o desleixo da maioria das pessoas?

Construa uma base de dados com os cartões de visita e as demais informações que você conseguir reunir. Você pode até inserir esses dados em seu computador, junto com anotações sobre as pessoas que possam vir a ser úteis no futuro.

Desenvolva continuamente suas habilidades como networker. O fato é que, na vida, estamos todos no mesmo barco. É inteligente, portanto, se empenhar na construção de relacionamentos benéficos por meio do networking.

Na verdade, além de sábia, essa é uma atitude gratificante em termos pessoais. Afinal, a segurança de saber que se pode contar com uma ampla rede de pessoas quando se precisar de ajuda – assim como se colocar à disposição dos outros – é o segredo para uma vida plena.

Tendo essas idéias em mente, concluo esta última lição com três recomendações:

Construa benefícios de mão dupla: Como mencionei no início, networking é a arte de construir e manter relacionamentos em que todo mundo saia ganhando. Enfocando os dois lados, você fará seu networking de modo mais fácil e eficaz.

Aprenda com os outros: Quanto mais você conhece pessoas que sabem fazer networking, mais você amplia seu círculo de amizades. Pergunte a elas quais idéias ou recursos elas consideram mais eficientes. Recomende este livro, se achar que vale a pena.

Use este livro – já: Este livro lhe mostrou todos os fundamentos do networking. Agora, ponha-o para trabalhar para você!

"Seja um eterno aprendiz e acrescente a arte de fazer networking ao seu portfólio de talentos."

"Conhecer pessoas e deixar que os outros
o conheçam dá início ao ciclo que
impulsiona o processo de networking."

Conheça outros títulos da Coleção Desenvolvimento Profissional

Aprendendo a lidar com pessoas difíceis

DR. RICK BRINKMAN E DR. KIRSHNER

Pessoas difíceis são um desafio. Na melhor das hipóteses, elas tornam a nossa vida mais estressante e desagradável. Na pior, atrapalham a realização de projetos pessoais e a conquista de metas profissionais importantes.

Esse livro mostra como extrair o melhor de pessoas problemáticas, mesmo quando elas exibem o pior de si mesmas. Apresentando técnicas eficazes e uma abordagem criativa, os autores ensinam o caminho das pedras – o aprendizado que pode ser extraído da convivência em grupo, apesar das diferenças – e os atalhos para impedir que as pessoas que o incomodam enfraqueçam seu desempenho no trabalho e na vida pessoal.

Aprendendo a lidar com pessoas difíceis traz as seguintes lições que ajudarão você a enfrentar atitudes destrutivas e irritantes:

- Identificar os 10 comportamentos mais indesejáveis e entender a razão que leva as pessoas a agirem assim
- Desenvolver uma "lente" para reconhecer os pensamentos, intenções e temores das pessoas difíceis
- Usar técnicas sofisticadas de "escuta" para compreender as verdadeiras necessidades do outro
- Cultivar habilidades de harmonização e redirecionamento, de modo a transformar conflitos em momentos de cooperação

Como motivar sua equipe

ANNE BRUCE

Pense nos gerentes que mais influenciaram sua vida profissional. Eles investiram num ambiente de trabalho divertido e estimulante e no talento de cada colaborador porque perceberam que sua própria carreira e o sucesso da empresa dependiam da eficiência da equipe. Esses líderes excepcionais acreditaram no poder e na influência das pessoas – e foram recompensados.

Como motivar sua equipe apresenta exemplos inspiradores de empresas como Disney, Levi's e Dell Computer e suas estratégias orientadas para resultados. Ao colocar em prática os ensinamentos dessas corporações, você vai ser capaz de extrair as melhores qualidades dos seus colaboradores. Está provado que essa filosofia agrega valor tanto para a empresa quanto para a carreira dos executivos que a adotam.

Esse livro – conciso, mas poderoso – mostra como estimular o comprometimento e a paixão pelo trabalho. Veja as principais dicas para manter em alta o entusiasmo, a energia e o moral de sua equipe:

- Transformar colaboradores em parceiros
- Encorajar o gerenciamento de riscos
- Criar uma política de incentivos e recompensas
- Delegar poder
- Estabelecer uma relação de confiança
- Encorajar o senso de responsabilidade

Como ser um vendedor de sucesso

LINDA RICHARDSON

Vender nunca foi tão difícil. Nestes tempos de internet, em que todas as informações estão disponíveis, o que os clientes mais querem saber é o que o produto pode fazer por eles. *Como ser um vendedor de sucesso* mostra que mais importante do que aquilo que você *diz* aos clientes é a maneira como você *escuta* o que eles têm a dizer. No ambiente competitivo de hoje, o modelo clássico de abordagem de vendas está ultrapassado – agora é preciso vender soluções em vez de produtos.

A autora apresenta um programa de seis passos, testado na prática, que ensina como escutar os clientes e descobrir suas necessidades. Você também vai aprender a agregar valor, apresentar novos enfoques e mostrar como o seu produto ou serviço atende, com rapidez e regularidade, à demanda do seu cliente. A seguir, algumas lições para você se tornar um vendedor bem-sucedido:

- Aprender com o cliente
- Criar uma estratégia de questionamento
- Listar soluções
- Usar as objeções a seu favor
- Manter o foco no cliente
- Escutar de maneira eficaz
- Analisar os concorrentes
- Pedir feedback

O manual do novo gerente

MOREY STETTNER

Você foi promovido a gerente – e isso o coloca numa posição totalmente diferente. Com colaboradores difíceis de lidar e chefes exigentes, você nunca sabe de onde surgirá seu próximo problema. Mas sabe que todos esperam que você o resolva, e de maneira rápida e eficiente.

O manual do novo gerente fornece valiosas dicas para que você se integre à sua equipe enquanto a estimula a conquistar resultados surpreendentes. Um gerente novato no competitivo ambiente de trabalho dos dias de hoje enfrenta desafios e testes diariamente. A partir de agora, você será avaliado pelo desempenho dos outros. Dê a si mesmo a oportunidade de ser bem-sucedido e saiba como conquistar o respeito tanto de seus colaboradores quanto de seus supervisores. As 24 regras desse manual de consulta rápida mostram a melhor maneira de conseguir isso, como por exemplo:

- Avaliar desempenhos
- Pensar estrategicamente
- Dar e receber feedback orientado para resultados
- Direcionar o trabalho
- Impressionar ao falar
- Criticar com tato e honestidade
- Motivar colaboradores que apresentam desempenho mediano
- Preparar a equipe para mudanças

Os princípios de liderança de Jack Welch

JEFFREY A. KRAMES

Considerado um dos líderes empresariais mais bem-sucedidos do século XX, Jack Welch comandou durante duas décadas a General Electric, onde reescreveu as regras de liderança ao propor que os colaboradores, em vez dos burocratas, dissessem o que precisava ser feito. Sob o comando de Welch, a GE mostrou que é possível se reinventar e ainda assim permanecer na liderança do ranking das mais valiosas corporações do mundo.

Welch revela os valiosos conceitos que desenvolveu para executar a maior mudança corporativa da história. Cheio de sugestões e idéias práticas, esse livro ensina como uma liderança inovadora e despretensiosa pode incentivar as pessoas a contribuir muito além do normal, encontrar satisfação na carreira e criar um ambiente de trabalho que seja transformador e estimulante.

Veja algumas das idéias centrais apresentadas em *Os princípios de liderança de Jack Welch*:

- Desafiar a tradição
- Liderar pelo exemplo
- Torpedear a burocracia
- Comprometer-se com as mudanças
- Articular uma visão tangível, estimulante e realista para a empresa
- Implementar apenas as melhores práticas e descartar o resto
- Deixar a inteligência comandar
- Certificar-se de que todos têm direito a expressar suas opiniões
- Entender a mudança como uma ferramenta competitiva

Por que os clientes não fazem o que você espera?

FERDINAND FOURNIES

O modo como você conduz um encontro com um cliente é fundamental para definir o sucesso de uma venda, mas o verdadeiro poder está nas mãos dele. A reação do cliente à sua abordagem é o que, de fato, determina se a negociação vai ser bem-sucedida ou não.

O desafio é enxergar as visitas de vendas com os olhos do cliente e fazer com que ele reaja da forma que você deseja – ou seja, fechando a venda o mais rapidamente possível.

Por que os clientes não fazem o que você espera? deixa de lado os truques e receitas pré-fabricadas para mostrar ações específicas para melhorar significativamente suas vendas e seus resultados.

Simples e direto, esse livro ensina a gerenciar cada uma das etapas do processo de vendas e a direcionar o cliente para a ação. Ele ajudará você a reconhecer e resolver os 24 problemas e objeções mais comuns que ocorrem nessa área. Você vai aprender, entre outras coisas, a:

- Aumentar o interesse do cliente
- Descobrir as necessidades dos clientes
- Criar estratégias de vendas
- Compreender o ponto de vista dos clientes
- Identificar e resolver problemas
- Auxiliar os clientes em suas escolhas
- Apresentar as características e os benefícios do seu produto

Como se tornar mais organizado e produtivo

KEN ZEIGLER

Quem não quer ser mais eficiente – fazer mais com o mesmo tempo e os mesmos recursos disponíveis? Todo mundo, é claro. Nada melhor do que um livro que vai direto ao assunto para descobrir as melhores estratégias para alcançar o sucesso que você deseja.

Como se tornar mais organizado e produtivo apresenta uma série de ferramentas, idéias e dicas para planejar seu cotidiano de maneira inteligente. Ensina também a desenvolver um planejamento diário e semanal para reduzir a pressão dos prazos e manter uma rotina produtiva.

Aplicando as 24 lições sugeridas neste livro, você vai aprender a se dedicar ao que é mais importante e a gerenciar sua vida – pessoal e profissional – com mais competência. Veja algumas sugestões:

- Estabelecer metas e definir prioridades
- Pensar de forma realista
- Planejar seu trabalho e delegar tarefas
- Preparar uma agenda detalhada
- Não deixar nada para depois
- Limitar as interrupções
- Controlar e-mails e telefonemas
- Agendar e liderar reuniões de maneira eficaz

Conheça outros importantes títulos da Editora Sextante

O monge e o executivo

JAMES C. HUNTER

John Daily é um executivo bem-sucedido que, de repente, percebe que vem fracassando como chefe, marido e pai. Em busca de um novo caminho para sua vida, ele decide participar por uma semana de um retiro num mosteiro beneditino.

Lá encontra Leonard Hoffman, um dos mais influentes e bem-sucedidos empresários americanos, que resolveu largar tudo para ir em busca da verdadeira essência da vida. Nesse livro extremamente envolvente, você vai aprender, junto com John Daily, princípios de liderança fundamentais para construir uma carreira de sucesso e uma vida em plena harmonia com as pessoas à sua volta.

Como se tornar um líder servidor

JAMES C. HUNTER

Liderar não é ser "chefe". Liderar é servir. Embora "servir" possa ter uma conotação de fraqueza para alguns, a liderança de serviço é na verdade uma idéia vigorosa e revolucionária, que pode ter um impacto significativo no desempenho de uma organização.

James Hunter propõe esse método de liderança que transforma chefes e gerentes em treinadores e mentores. Os líderes servidores sabem que prover as pessoas e empenhar corações e mentes promove uma força de trabalho que compreende os benefícios de se esforçar pelo bem maior.

O sabor da qualidade

SUBIR CHOWDHURY

A fábrica de sorvete administrada por Pete, chamada Dairy Cream, está derretendo rapidamente. Um dia seu chefe lhe dá um ultimato: se as vendas não crescerem de forma dramática, em poucos meses a empresa vai ser fechada. Pete e todos os funcionários da Dairy Cream estão muito perto de ir para o olho da rua.

Quando Pete procura Mike, um velho conhecido da família que se tornou executivo bem-sucedido, tem início seu grande aprendizado – que é também o do leitor. Segue-se um bate-papo informal que torna esse livro fácil de ler como um romance de suspense (a Dairy Cream vai chegar lá?), mas ao mesmo tempo tão rico em ensinamentos quanto os manuais mais densos do mercado. Como quem não quer nada, Mike transmite os segredos da verdadeira qualidade, como ela pode ser atingida e – o mais difícil – o que fazer para mantê-la no dia-a-dia.

Liderança radical

STEVE FARBER

Nessa fábula moderna, divertida e cheia de suspense, você descobrirá como renovar o entusiasmo pelo seu trabalho e se tornar capaz de estimular outras pessoas a trilhar esse mesmo caminho. O consultor empresarial Steve Farber mostra que um Líder Radical não tem medo de assumir riscos nem de cometer erros diante de seus colaboradores.

Numa teia de acontecimentos envolvendo personagens instigantes, o autor constrói uma história fascinante que revela a forma mais sublime e eficaz de liderança: a que é exercida com amor no coração. Em essência, sua mensagem diz: cultive o amor, produza energia ilimitada, inspire audácia e apresente provas do seu compromisso.

Conheça os 50 clássicos da Sextante

Espiritualidade/Inspiração

Muitas vidas, muitos mestres, de Brian Weiss
Muitas vidas, uma só alma, de Brian Weiss
Jesus, o maior psicólogo que já existiu, de Mark W. Baker
Conversando com os espíritos, de James Van Praagh
A última grande lição, de Mitch Albom
Uma ética para o novo milênio, de Sua Santidade, o Dalai-Lama
A arte da meditação, de Daniel Goleman
O Mestre dos Mestres (Coleção Análise da Inteligência de Cristo), de Augusto Cury
Espiritualidade, um caminho de transformação, de Leonardo Boff
Autobiografia de um iogue, de Paramahansa Yogananda
O Poder do Agora, de Eckhart Tolle

Negócios

O monge e o executivo, de James C. Hunter
Como se tornar um líder servidor, de James C. Hunter
Jesus, o maior líder que já existiu, de Laurie Beth Jones
Faça o que tem de ser feito, de Bob Nelson
Seu balde está cheio?, de Tom Rath e Donald O. Clifton
A hora da verdade, de Jan Carlzon
A Boa Sorte, de Álex Rovira Celma e Fernando Trías de Bes
Você é mais capaz do que pensa, John G. Miller
Seis fundamentos do sucesso profissional, de Stuart R. Levine

Ficção

O Código Da Vinci, de Dan Brown
Ponto de Impacto, de Dan Brown
Anjos e Demônios, de Dan Brown
Fortaleza Digital, de Dan Brown
As cinco pessoas que você encontra no céu, de Mitch Albom

Livros de bolso

Dez leis para ser feliz, de Augusto Cury
Seja líder de si mesmo, de Augusto Cury
Você é insubstituível, de Augusto Cury
Palavras de sabedoria, de Sua Santidade, o Dalai-Lama
A vida é bela, de Dominique Glocheux
Filtro solar, de Mary Schmich
Posso conseguir o que desejo, de Iyanla Vanzant
Quem acredita sempre alcança, de Peter McWilliams

Auto-ajuda

O método fácil de parar de fumar, de Allen Carr
Por que os homens fazem sexo e as mulheres fazem amor?, de Allan e Barbara Pease
Desvendando os segredos da linguagem corporal, de Allan e Barbara Pease
Por que os homens mentem e as mulheres choram?, de Allan e Barbara Pease
O poder que vem do seu nome, de Aparecida Liberato e Beto Junqueyra
Nunca desista de seus sonhos, de Augusto Cury
Pais brilhantes, professores fascinantes, de Augusto Cury
100 segredos dos bons relacionamentos, de David Niven
Não leve a vida tão a sério, de Hugh Prather
Mantenha o seu cérebro vivo, de Laurence Katz e Manning Rubin
100 segredos das pessoas felizes, de David Niven
Enquanto o amor não vem, de Iyanla Vanzant
A Dieta do Abdômen, de David Zinczenko e Ted Spiker
A Dieta de South Beach, de Arthur Agatston
O poder da paciência, de M. J. Ryan

Referência

1.000 lugares para conhecer antes de morrer, de Patricia Schultz
O ócio criativo, de Domenico De Masi

Informações sobre os próximos lançamentos

Para receber informações sobre os lançamentos da Editora Sextante, basta cadastrar-se diretamente no site www.sextante.com.br

Para saber mais sobre nossos títulos e autores, e enviar seus comentários sobre este livro, visite o nosso site www.sextante.com.br ou mande um e-mail para atendimento@esextante.com.br

Editora Sextante
Rua Voluntários da Pátria, 45 / 1.404 – Botafogo
Rio de Janeiro – RJ – 22270-000 – Brasil
Telefone (21) 2538-4100 – Fax (21) 2286-9244
E-mail: atendimento@esextante.com.br